D1727697

Volkmar Röhrig,
geboren 1952 in Lützen, studierte Germanistik und Kulturwissenschaft,
arbeitete u. a. als Hörspieldramaturg, Regieassistent und Lektor.
Heute leitet er seine eigene PR-Agentur und schreibt
erfolgreiche Hörspiele sowie Kinder- und Jugendbücher.
Er lebt in Leipzig und Mainstockheim.

Milada Krautmann
hat ihre künstlerische Ausbildung an der Kunstgewerbehochschule
in Prag sowie in Brüssel und Paris erhalten.
Seitdem malt und zeichnet sie für Werbeagenturen und Buchverlage.
Zahlreiche Kinder- und Jugendbücher sowie Tier- und Sachbücher
sind von ihr illustriert worden.

In neuer Rechtschreibung

4. Auflage 2005
© Edition Bücherbärim Arena Verlag GmbH, Würzburg 2003
Alle Rechte vorbehalten
Einband und Illustration von Milada Krautmann
Gesamtherstellung: Westermann Druck Zwickau GmbH
ISBN 3-401-08506-9

www.arena-verlag.de

Volkmar Röhrig

Ponygeschichten

Mit farbigen Bildern
von Milada Krautmann

Inhalt

Der Neue im Stall

Mit Herzklopfen und Kribbeln im Bauch
ging Benjamin auf den Pferdestall zu.
Gelächter und Stimmen drangen heraus
und das Schnauben der Tiere. Herr
Hübner, der Reitlehrer, hatte ihm die
Koppeln, den Voltigierplatz und die
Reithalle vom Ponyhof gezeigt. Nun
betraten sie den Stall.
»Hallo Freunde«, rief Herr Hübner. Das

Lachen und Reden verstummte, selbst die Tiere drehten neugierig die Köpfe zu ihnen. Benjamin sah vier Mädchen und zwei Jungen. Sie tränkten, fütterten oder striegelten die Ponys.

»Das ist Benjamin«, sagte Herr Hübner. »Er ist neu in der Stadt und möchte gern bei uns reiten. Natürlich wird er auch kräftig bei der Stallarbeit mit anpacken und viel Spaß mit euch und den Pferden haben. Unser Freund ist übrigens kein Anfänger mehr. Er hat auf einem großen Gestüt schon viel gelernt.

Aber das kann er euch selbst erzählen. Ich muss jetzt nämlich einen anderen Neuling abholen!«, verkündete er und verschwand.

Die Kinder musterten Benjamin. Sein Herzklopfen und das Kribbeln im Bauch wurden dabei nicht geringer. »Hallo«, sagte er unsicher. »Was kann ich tun?«

Ein Mädchen mit roter Reitkappe gab ihm lächelnd die Hand. »Ich bin Miriam, aber alle nennen mich Mira.«

Das Mädchen, das gerade ein Pony striegelte, sagte: »Ich heiße Yildiz und das ist Asterix, mein Lieblingspony. Er springt am höchsten von allen Ponys auf dem Hof.«

Einer der Jungs hielt ihm eine Mistgabel hin und meinte grinsend: »Hast du in deinem berühmten Gestüt auch ausmisten gelernt? Oder sind bei euch die Pferde zum Pinkeln auf den Misthaufen getrabt?«

Die Kinder lachten. Mira meinte: »Echt
Bodo!« Benjamin wusste nicht, was er
antworten sollte, und nahm wortlos die
Gabel.
Wenig später hatte Benjamin vier
Schubkarren voll Mist aus dem Stall
gefahren. Und jedes Mal hatte ihm Bodo

grinsend ein paar Gabeln
Mist mehr auf die Karre
geworfen. Die fünfte
Karre war so schwer,
dass er sie kaum
anheben konnte. Mitten
im Stallgang rutschte er
aus, die Karre kippte um und der ganze
Mist fiel auf den Boden. Alle lachten.
Benjamin wurde knallrot im Gesicht und
rannte aus dem Stall. Mira rief etwas, doch
das verstand er nicht mehr.
Er lief zur Koppel und hockte sich auf den
Zaun. Er dachte an seine Freunde im
Gestüt, wo ihn keiner geärgert oder
ausgelacht hatte. Auf der Weide tollten
übermütig drei Haflinger.
Neugierig trabten sie heran. Es waren eine
Stute und zwei Hengstponys. Sie reckten

ihre Hälse. Benjamin strich ihnen über den Schopf. Als sie merkten, dass es keine Leckerli gab, galoppierten sie wieder davon.

Ein Jeep mit Anhänger hielt hinter Benjamin. Herr Hübner stieg aus, zeigte auf die Ponys und sagte: »Die fühlen sich richtig wohl. Aber du scheinst nicht sehr glücklich zu sein, oder?«

Benjamin sprang vom Zaun. »Ich haue ab. Die wollen mich nicht.«

Herr Hübner legte ihm die Hand auf die Schulter: »Und wieso?«

Benjamin zögerte, dann erzählte er alles.

»Deshalb willst du aufgeben?«, meinte Herr Hübner nachdenklich. »Warte, ich will dir etwas zeigen.«

Er öffnete die Ladebordwand vom Anhänger und führte einen kräftigen Haflinger zur Gattertür. Die Stute wieherte. Und kaum hatte Herr Hübner das Gatter geöffnet, lief der Haflingerhengst zu ihr. Im selben Augenblick stürmten die anderen beiden Hengste heran. Einer stellte sich schützend vor die Stute. Der andere stieg drohend auf die Hinterbeine. Auch der Neue richtete sich hoch auf. Sie wieherten, schüttelten die Mähnen und trommelten mit ihren Hufen aufeinander ein.

»Oh!«, rief Benjamin erschrocken. »Die tun sich doch weh!«

Herr Hübner schüttelte den Kopf. »Das ist halb so schlimm, wie es aussieht. Die Hengste sind etwas eifersüchtig. Aber der Neue wird sich schon behaupten. Wart's ab«, sagte Herr Hübner schmunzelnd. »In ein paar Stunden haben sie sich aneinander gewöhnt und sind die dicksten Freunde. Wetten?«

Benjamin zuckte mit den Schultern und beobachtete die Haflinger.

Bodo, Mira, Yildiz und die anderen kamen heran. »Wir möchten zur alten Mühle reiten«, sagte Yildiz.

Herr Hübner nickte. »Gut, wo ist das
Problem?«

»Na ja«, murmelte Mira und stieß Bodo an.
Bodo räusperte sich. »Wir wollten fragen,
ob Benjamin Lust hat, mitzukommen.«
Herr Hübner lachte. »Frag ihn doch
selbst!«
Mira lächelte. Benjamin hatte wieder so ein
Kribbeln im Bauch. Und Bodo grinste ihn
an. »Was ist? Reitest du mit?«

Unzertrennliche Freunde

Alles begann am Samstag, den 1. April.
Mutter räumte gerade den Frühstückstisch
ab, Isabell und Jens halfen dabei. Vater las
in der Zeitung. Plötzlich lachte er laut auf.
»Wisst ihr, was hier steht? Verkaufe
Pony . . .«
Isabell unterbrach ihn neugierig: »Ein
richtiges Pony?«
Vor einem Jahr war die Familie nämlich auf
einen Bauernhof gezogen. Damals hatte
sich Mutter stets frische Eier gewünscht,
Jens einen Hund, Vater einen Teich mit
Zierfischen und Isabell ein Pferd.
Inzwischen gab es die Hühner Berta,
Bianca und Beate, den Dackel Gustav und
etwa zehn namenlose Goldfische.
Manchmal raschelten auch ein paar Mäuse

im Stall. Nur das Pferd gab es noch nicht. Deshalb radelte die achtjährige Isabell jeden Nachmittag zum Reiterhof ins Nachbardorf.

»Bitte lasst uns das Pony kaufen«, rief Isabell aufgeregt.

Vater nickte lachend. »Ja. Aber wir müssen ein Schwein mitnehmen!«

»Wie bitte?«, fragte Mutter schmunzelnd.

»Ein Schwein? Du veralberst uns!« Der
14-jährige Jens meinte nur: »April! April!«
Vater tippte auf die Zeitung. »Hier steht
wirklich: ›Verkaufe Pony mit Schwein.‹«
»Bitte, bitte, ich möchte das Pony!«,
bettelte Isabell.
»Und was machen wir mit dem Schwein?«,
fragte Mutter.
Die Eltern und Jens waren sich schnell
einig, dass diese Anzeige nur ein
Aprilscherz sein konnte. Aber Isabell
drängelte und bat. Also setzte sich die
Familie schließlich ins Auto. Nach einer
halben Stunde und einige Dörfer weiter
fanden sie den Bauern. Als sie ihn nach
dem Pony fragten, zeigte er schmunzelnd
zur Koppel. »Da drüben steht Max!«
Isabell rannte sofort hin. »Ein echtes
Shetland-Pony!«, kreischte sie vor Freude.

Neugierig kam das Pony an den Zaun. Sein
Fell glänzte goldgelb in der Sonne.

Die üppige Mähne, der Schopf und der lange Schweif leuchteten weiß. Es streckte das Maul vor, schnaubte durch die Nüstern und beroch Isabell.

Isabell gab ihm eine Möhre. Das Pony futterte sie auf und ließ sich wohlig am Hals kraulen. »Seht ihr, es mag mich!«, sagte Isabell glücklich.

»Ein schönes Tier!«, stimmte die Mutter zu. Plötzlich quiekte es laut am Ende der Koppel. Das Pony warf den Kopf zurück und wieherte. Da kroch grunzend ein Schwein aus dem Gebüsch und galoppierte auf sie zu. Es war fett, rosa und über und über mit Schlamm besudelt. Sein Hängebauch schwabbelte hin und her. Isabell, Jens und die Mutter starrten ihm sprachlos entgegen.

»Es ist doch kein Aprilscherz!«, sagte der

Vater etwas hilflos. Er hatte mittlerweile mit dem Bauern geredet. »Das Schwein heißt Moritz. Angeblich ist es der beste Freund von Max.«

Isabell klatschte in die Hände. »Max und
Moritz, das passt doch gut zusammen!«
Moritz schob seinen Rüssel durch den
Zaun und kaute genüsslich grunzend an
Mutters Rock. Erschrocken sprang sie

zurück und rief: »Müssen wir dieses
Monster etwa mitkaufen?«
Vater zuckte unsicher mit den Schultern.
Jens stöhnte: »Igitt, wie das stinkt!« Aber
Isabell sagte zuversichtlich: »Wenn wir es
baden und mit Parfüm einreiben, riecht es
bestimmt gut!«

Entsetzt schlug Mutter die Hände über dem Kopf zusammen: »Seid ihr verrückt? Von einem Schwein war nie die Rede!«
»Aber ich möchte das Pony!«, bat Isabell und umarmte den Hals des Pferdes.
Moritz drehte sich quiekend um. Da zog das Pony seinen Kopf aus den Armen des Mädchens und wieherte. Und gemeinsam und nebeneinander liefen beide davon. Ab und zu stupste Max seinen Freund mit dem Maul an. Dann grunzte Moritz zufrieden und das Pony wedelte glücklich mit dem Schweif.

»Max, bleib hier!«, rief Isabell ihm nach.

Der Bauer zeigte ihnen die schriftlichen Untersuchungen vom Tierarzt, einen Lebenslauf des Ponys und den Kaufvertrag. Max war acht Jahre und gut eingeritten. Der Bauer bot ihnen auch Sattelzeug, Zügel und den kompletten Putzkasten für einen günstigen Preis an. Seit seine Tochter nämlich zum Studium in eine ferne Stadt gezogen war, hatte niemand mehr Zeit für das Pferd.

Mit Max war also alles in Ordnung, alle mochten ihn. Das Problem war Moritz, denn das Schwein wollten die Eltern auf keinen Fall.

»Ich verstehe sie«, sagte der Bauer. »Aber ohne Schwein wird es schwierig. Die beiden sind nämlich richtige Freunde.«

Sie diskutierten noch eine Weile.

Schließlich gab der Bauer nach, änderte den Kaufvertrag und behielt Moritz, das Schwein.

Isabell war überglücklich, die Eltern verabschiedeten sich zufrieden. Nur der Bauer murmelte nachdenklich: »Wenn das mal gut geht!«

Einen Monat baute und werkelte die ganze Familie, dann war der Stall hergerichtet. Es gab eine helle, geräumige Box mit Stroh, die Tränke, den Futterkasten, eine Ecke für Sattel- und Putzzeug und auf dem Dachboden lagerte Heu. Sogar den Zaun um die Wiese hatte der Vater repariert.

Es war wieder ein Samstag, an dem die Familie mit einem Anhänger vom Reiterhof losfuhr, um Max abzuholen.

Isabell sprang als Erste aus dem Auto und rannte zur Koppel. Max kam ihr entgegen

und schien sie sogar wieder zu erkennen.
Der Bauer hatte alles vorbereitet.
Beruhigend redete er auf das Pferd ein, als
er es am Zügel zum Anhänger führte.
Kurz davor jedoch ertönte ein
durchdringendes Quieken aus dem
Gebüsch auf der Koppel. Max spitzte die
Ohren, drehte den Kopf, wieherte laut und
stieg mit den Vorderbeinen hoch.

Der Bauer konnte die Zügel nicht halten und im schnellen Galopp lief das Pony zurück auf die Weide. Ängstlich quiekend und mit schwabbelndem Bauch, rannte ihm Moritz entgegen. Max stupste ihn an und wedelte mit dem Schweif.

»Das habe ich befürchtet!«, stöhnte der Bauer und kratzte sich am Kopf. »Wir kriegen ihn nur auf den Anhänger, wenn wir zuerst das Schwein aufladen!«

Mutter schüttelte wortlos den Kopf, Vater zuckte hilflos mit den Schultern, Jens lachte laut und Isabell zitterte vor Aufregung. Der Bauer holte das Schwein. Misstrauisch tappte Moritz zum Hänger, Max tänzelte unsicher neben ihm her. Wenn das Schwein zögerte oder stehen blieb, bockte das Pony und ging keinen einzigen Zentimeter weiter.

Nach endlosen zwanzig Minuten hockte das Schwein endlich oben auf dem Anhänger und das Pony stand daneben. »Geschafft!«, stöhnten die Eltern erleichtert. Aber der Bauer schüttelte den Kopf. »Irrtum. Erst müssen wir das Schwein wieder vom Hänger haben!« Vorsichtig band er das Pferd an. Als er aber das Schwein vom Wagen ziehen wollte, weigerte es sich wütend. Es quiekte so schrill, dass das Pony an der Leine zerrte und wütend die Hufe gegen die Wagenwand donnerte. Mit einem Sprung rettete sich der Bauer vom Hänger. Erschrocken wischte er sich den Schweiß von der Stirn und keuchte: »Wenn wir die beiden trennen wollen, hauen die ihren Transporter kurz und klein!«

Inzwischen war es Spätsommer und fast ein halbes Jahr vergangen. Viel, viel Aufregendes war passiert.

Zeitungsreporter, sogar Kameraleute vom Fernsehen waren auf den Bauernhof gekommen. Sie hatten alles fotografiert und gefilmt: den Teich mit den Goldfischen, die Hühner Berta, Bianca und Beate, den Dackel Gustav und die ganze Familie. Ursache für dieses Aufsehen war die ungewöhnliche Freundschaft zwischen einem Mädchen, einem Pferd und einem Schwein, die bald über das Dorf hinaus bekannt geworden war.

Das schönste Foto dieser Freundschaft hatte ihnen ein Reporter geschickt und die Eltern haben es vergrößern und einrahmen lassen. Auf dem Bild reitet Isabell lachend über eine Wiese, die Mähne von Max ist zu kleinen Zöpfen geflochten und mit bunten Bändern verziert. Neben ihm rennt Moritz mit schwabbelndem Bauch. Seine Haut ist blitzsauber rosa und duftet sogar nach Parfüm. Aber das riecht man auf dem Foto natürlich nicht.

Tina lernt reiten

Die dicke Tina hockte im Wald hoch oben
auf einem Ast und ließ die Beine baumeln.
Neben ihr baumelte ein Feuerwehrhelm.
Die Sonne schien durch die Blätter,
ringsherum zwitscherten Vögel. Aber Tina
trotzte. Tina war wütend. Auf alle und alles.
Auf die ganze Welt. Vor allem aber auf die
»Roten Spatzen«. Das war die
Kindergruppe der Feuerwehr von Biberdorf.
»Alle ›Roten Spatzen‹ sind doof!«, schrie
Tina in den Wald. Dann lauschte sie. Aber
niemand antwortete. Nur die Vögel
zwitscherten.
Plötzlich raschelte und knackte es. Tina
zuckte zusammen. Das klingt wie Schritte,
dachte sie, wie große, schwere Schritte.

Jemand stapft durch den Wald. Vielleicht
ein Riese, oder gar zwei?
»Quatsch!«, murmelte Tina vor sich hin.
»Riesen gibt es nur im Märchen.«
Trotzdem war ihr mulmig, denn die Schritte
kamen immer näher. Jetzt war auch noch
ein lautes Schnaufen zu hören.

Wildschweine, fiel ihr ein, bestimmt eine ganze Horde! Die können ganz schön wild sein, vor allem aber gefährlich! Die können sogar Bäume ausgraben und umstoßen. Oder tagelang einen Baum belagern. Das hatte sie im Fernsehen gesehen.

Ängstlich spähte Tina durch die Blätter.

Nun bereute sie doch, dass sie weggelaufen war, vor allem in den Wald. Wer würde sie hier suchen?

Wenn ich mucksmäuschenstill bleibe, bemerken die Wildschweine mich nicht, dachte Tina. Und wenn sie weg sind, kann ich nach Hause laufen. Schnell schloss sie die Augen. Sie traute sich nicht mal zu atmen. Das Schnaufen und Rascheln war nun ganz nah.

Mit einem Auge lugte sie nach unten. Gleich darauf riss sie beide erstaunt auf. Da stand ein Pony und guckte zu ihr herauf, ein richtiges Pony!

»Spinnst du?«, fauchte Tina wütend. »Mich so zu erschrecken!«

Das Pony wieherte, lehnte sich an den Baum und rubbelte sein Fell. Der Stamm wackelte. Tinas Ast wackelte mit. »Hör auf,

du doofer Gaul. Ich falle noch runter«,
schrie sie und warf den Feuerwehrhelm
nach dem Pony. Das sprang erschrocken
zurück.

»Verschwinde nach Hause, sonst schlachten sie dich«, drohte Tina. Das mit dem Schlachten hatte ihr Jana vom Ponyhof erzählt. Da war ein Pferd ständig ausgebrochen und hatte alle gebissen. Jana erzählte übrigens dauernd vom Ponyhof. Aber Tina interessierte das nicht. Tina interessierte sich nur für die Feuerwehr, schon immer.
Jetzt schnaubte das Pony und schaute sie mit großen Augen an.

»Was glotzt du?«,
fragte sie trotzig. »Hast
du noch nie jemanden
in Feuerwehruniform
gesehen? Meinetwegen
kannst du sie haben und
den Helm dazu. Dann kannst
du zu den ›Roten Spatzen‹ gehen.
Vielleicht wollen die dich ja lieber haben
als mich.«
Das Pferd scharrte mit den Vorderhufen auf
dem Waldboden. Tina sah, dass es klein
und ganz schön rund war. Schadenfroh
sagte sie: »Vergiss es, die nehmen dich
auch nicht mit zum Feuerwehrwettkampf.
Du kannst nie durch die Röhre kriechen
und über die Bretterwand kommst du erst
recht nicht. Du bist noch viel dicker als ich,
ätsch!«

Tina beobachtete, wie das Pony im Laub schnüffelte. »Weißt du eigentlich, dass es früher Pferde bei der Feuerwehr gab?«, erklärte sie. »Die haben die Spritzenwagen gezogen. Aber heute machen das Autos.« Das Pony reagierte nicht. Die Sonne verschwand, langsam wurde es kühl.

»Warum bist du vom Ponyhof abgehauen? Haben sie dir auch gesagt, dass du zu dick bist?«, fragte sie neugierig und lachte: »Klar, für die Feuerwehr bist du zu dick und zum Reiten bestimmt auch.«

Das Pony schnaubte und trottete langsam davon. »He! Lauf nicht weg, ich hab's nicht so gemeint«, sagte Tina rasch. »Außerdem findest du alleine nicht nach Hause. Und vielleicht schlachten sie dich dann!« Aber das Pony hörte sie nicht und lief weiter.

Es dämmerte schon.

»Bitte, bitte!«, rief Tina ängstlich. »Du kannst
mich nicht allein im Wald lassen.« Sie
rutschte am Stamm runter und lief dem Pony

hinterher. Als sie es eingeholt hatte, strich sie ihm über Hals und Mähne. Es fühlte sich wunderbar an. »Hab keine Angst, ich bin

doch bei dir«, sagte sie froh. »Außerdem müssen wir Dicken zusammenhalten.«
Das Pony nickte schnaubend.
Mühsam hangelte sie sich an einem Ast hoch und kletterte auf das Pferd. »Geht doch!«, meinte Tina keuchend. »Und viel

leichter als bei der Bretterwand.« Sie griff
in die dichte Mähne, ruckelte mit dem
Hintern und sagte einfach »Hü!«. Das Pony
lief tatsächlich los. Tina betrachtete vom
Ponyrücken aus den vorbeiziehenden
Wald. Und sie fühlte sich wunderbar wohl
und sicher auf dem Pony.

»Eigentlich bist du zum Reiten gar nicht zu
dick«, sagte sie vergnügt.

»Und ich auch nicht,
stimmt's?«

Ein Pony für die Ferien

Lukas radelte auf dem Weg durch die Wiesen und überlegte, ob er zum Baumhaus fahren sollte oder zum Floß am See. Das verlassene Baumhaus im Wald hatte er mit seinem Freund Gabriel entdeckt. Das Floß jedoch hatten beide selbst gebaut. Damit wollten sie in den Sommerferien den See überqueren.

Nun waren die Ferien da. Aber Gabriel musste mit den Eltern nach Italien fahren, ganze lange drei Wochen. Und allein hatte Lukas keine Lust, weder für das Baumhaus noch das Floß. Das werden langweilige Ferien, dachte er traurig.

Plötzlich sprang ein Hase auf den Weg. Lukas trat in die Pedale und jagte ihm nach. Und als der Hase in einen Seitenweg

flitzte, verfolgte er ihn weiter.

Kurz hinter einer Kurve jedoch endete der
Weg. Fast wäre Lukas gegen ein altes
Brettertor geknallt. Der Hase war weg.

Lukas wollte schon umdrehen, als es hinter
dem Tor schnaubte.

Neugierig lehnte er sein Rad an die
Bretterwand, hangelte sich am morschen

Holz hoch und sah plötzlich in zwei große dunkle Pferdeaugen. Sie waren direkt unter ihm.

Ruckartig reckte das Pony das Maul und bleckte die kräftigen Zähne wenige Zentimeter vor seinem Gesicht. Lukas traute sich nicht sich zu bewegen.

»Nicht beißen«, flüsterte er ängstlich. »Ich tue dir nichts.«

Das Pony musterte ihn mit spitzen Ohren und sog kräftig seinen Geruch ein. Dann schnaubte es, schüttelte die dichte Mähne und trottete davon.

Lukas atmete auf und betrachtete das Tier. Es war ein Schimmel. Sein Fell war struppig, dreckig und grau. Teilnahmslos ließ es den Kopf hängen und starrte auf das grüne Gras.

»He, was suchst du hier?«, schnarrte plötzlich eine Stimme hinter ihm. »Du willst wohl meine Kirschen klauen!« Ein alter Mann schlurfte den Weg heran und drohte mit dem Krückstock.

»Ich . . . ich habe bloß das Pferd angeguckt«, stotterte Lukas erschrocken und sprang vom Tor.

Der Alte musterte ihn misstrauisch. Dann stieß er das Tor auf. Das Pony trabte heran. Mit zittriger Hand tätschelte er seinen Hals.

»Beißt es?«, fragte Lukas vorsichtig.

»Quatsch!«, knurrte der Alte. »Es ist bloß verwahrlost. Keiner kümmert sich um das Tier.

Wer bist du überhaupt?«

»Ich . . . ich bin Lukas«, antwortete Lukas.

»Darf ich es mal streicheln?«

»Er heißt Anton«, brummte der Alte und
gab Lukas einen Apfel. »Halt ihn auf der
flachen Hand hin.«

Lukas hatte Angst, als das Pony den Apfel
nahm. Es kitzelte und war nass. Schnell
zog er die Hand zurück und wischte sie an
der Hose ab.

Das Pony stupste ihn an. Der Alte lachte.

»Jetzt kannst du ihn streicheln.«

Lukas blieb den ganzen Nachmittag. Er
streichelte das Pony, er führte es an der
Leine über die Wiese oder sah ihm nach,
wenn es davongaloppierte.

Er erzählte dem Alten von Gabriel, vom
Baumhaus und dem Floß am See. Und der
Alte machte ihm vor, wie man mit der

Zunge schnalzt. Lukas machte es nach und
das Pony kam zu ihm.
Und als Lukas auf
seinen Rücken kletterte,
lief es ruhig mit
ihm im Kreis.

Der Alte zeigte ihm auch den Schuppen
und wie man mit einem Striegel das Fell
putzt oder mit der Kratze die Hufe säubert.
Das Pony ließ alles geschehen. Es hatte
sich an Lukas gewöhnt.
»Ich bin wirklich zu alt«, brummte der Alte
zum Abschied. »Deshalb würde Anton sich
bestimmt freuen, wenn du wieder kommst.«
Lukas nickte glücklich. »Ich komme jeden
Tag, versprochen!«

Der Alte lachte und zeigte mit dem
Krückstock zu den Bäumen am Ende der
Wiese. »Morgen musst du unbedingt meine
Kirschen kosten, sie sind wirklich die
süßesten!«

Als Lukas den Weg nach Hause radelte,
schwirrten die Gedanken in seinem Kopf
herum wie Bienen in einem Bienenhaus. Er
wusste nicht, was er zuerst denken sollte.
Aber er wusste, dass er einen neuen
Freund gefunden hatte und die
Sommerferien bestimmt ungeheuer
aufregend werden würden.

Das Geburtstagspony

Svenja sammelte alles über Ponys: Poster, Bücher, Postkarten und was ihr sonst noch in die Finger kam. Sie wohnte in einer großen Stadt, wo es Hochhäuser, Autos und Straßenbahnen gab, aber nur wenige Bäume und leider kein einziges Pony.
Sheila dagegen lebte auf einem Ferienhof mit dem schönen Namen »Ponyland«.
Am liebsten rannte sie stundenlang über Wiesen.
Beide hatten sich im Sommer vor drei Jahren kennen gelernt, gerade zu Svenjas Geburtstag. Sie hatten sich sofort gemocht. Seither wünschte sich Svenja jedes Jahr zum Geburtstag eine Woche Ferien mit Sheila.
An ihrem achten Geburtstag fuhr Svenja

mit den Eltern wieder auf den Ferienhof.
Sie hatte ein Geschenk für ihre Freundin
gebastelt, ein Stirnband mit Lederstreifen
und Perlen. Das sah lustig aus und
schützte gegen lästige Mücken. Sheila war
nämlich ein Pony.

Kaum hielt das Auto auf dem Ferienhof,
rannte Svenja schon zum Stall. Herr Möller
vom »Ponyland« begrüßte die Eltern und
blickte Svenja schmunzelnd hinterher:
»Ihre Tochter wird bestimmt überrascht
sein!«

Svenja stand wie angewurzelt in der Box
und starrte Sheila fassungslos an. »Wie
siehst du denn aus?«
Die Ponystute war ungeheuer dick. Wie
eine Tonne wölbte sich ihr Bauch und hing
schwer herab.

»Sheila ist trächtig!«, sagte Herr Möller.
»Du wirst mit einem anderen Pony reiten
müssen.«
Svenja guckte verständnislos. Mutter
versuchte zu erklären: »Deine Freundin
bekommt ein Fohlen.«

»Wahrscheinlich schon heute oder morgen Nacht«, sagte Herr Möller. »Freust du dich, Svenja?«

Svenja warf sich in der Ferienwohnung auf ihr Bett, drückte das Gesicht ins Kissen und schluchzte: »Das ist gemein! Ich habe mich so auf Sheila gefreut!«

»Ein kleines Fohlen ist doch etwas
Wunderbares«, tröstete die Mutter.
Svenja drückte ihr Gesicht tiefer ins Kissen
und schluchzte noch mehr.
Plötzlich klopfte es an die Tür. »Es gibt
eine Sturmwarnung«, sagte Herr Möller
ernst. »Könnten sie mir helfen die Pferde
von der Koppel zu holen?«
Die Eltern nickten: »Möchtest du
mitkommen, Svenja?«
Svenja schüttelte den Kopf.
Schwarze Wolken zogen heran. Gleich
darauf fuhren grelle Blitze vom Himmel
herab und krachender Donner war zu
hören, dann prasselten dicke
Regentropfen.
Svenja fürchtete sich. Niemand war da.
Aus dem Stall tönte hilfloses Wiehern.
Svenja rannte über den Hof. Klitschnass

und zitternd stand sie vor der Box. Sheila
ging aufgeregt umher, ihr Blick war unruhig,
ihr Fell voller Schweiß. Ihr Bauch sah aus,
als würde er jeden Moment platzen.

»Hab keine Angst!«, flüsterte Svenja. »Ich
bin doch bei dir!«

Plötzlich streckte sich die Ponystute im
Stroh aus. Ihr Körper ruckte und zuckte.
Svenja erschrak. Sie wusste nicht, was
passierte. Sie wusste nur, dass Pferde sich
eigentlich nie hinlegen.

Svenja rannte zum Tor und schrie: »Herr
Möller! Herr Möller!« Doch ihre Schreie
gingen unter im Krachen der Donner und
im Rauschen des Regens.

Sie lief zurück zur Box, umarmte Sheilas
Kopf und weinte vor Angst und Hilflosigkeit.
»Bitte, bitte, steh auf! Die kommen
bestimmt gleich zurück!«

Mit einem Ruck entzog sich die Stute der
Umarmung und sah zu ihrem Hinterteil. Da
erschien plötzlich ein kleiner Pferdekopf.
Vor Aufregung hielt Svenja den Atem an.
Dem Kopf folgten zwei ausgestreckte
Beine, ein Leib und noch mal zwei Beine.
Dann lag das Fohlen im Stroh.
Reglos bestaunte Svenja das kleine Pony.

Es war blutig und nass. Die Stute stupste es an, bis es aufstand und mit zittrigen Beinen umherstakste. Dann begann sie das Kleine abzulecken. Svenja half ihr und rieb vorsichtig das Fell des Fohlens mit Stroh trocken und sauber.
Das Tor ging auf, die Eltern und Herr Möller erschienen im Stall.

»Hier bist du!«, rief die Mutter erstaunt.
Und Svenja erzählte ihnen glücklich von
der Geburt des Fohlens.
Herr Möller sagte zufrieden. »Es ist ein
Mädchen. Wollen wir es Svenja nennen?«
»Ja!«, jubelte Svenja. »Außerdem haben
wir am selben Tag Geburtstag!«